Lenguaje corporal

Guía para leer a cualquiera a través de la comunicación no verbal

(Guia para leer la comunicación no verbal)

Pablo Ríos

Publicado Por David Kruse

© **Pablo Ríos**

Todos los derechos reservados

Lenguaje corporal: Guía para leer a cualquiera a través de la comunicación no verbal (Guia para leer la comunicación no verbal)

ISBN 978-1-989744-35-2

TABLA DE CONTENIDO

Parte 1

Introducción

No todo lo que ves o escuchas es real, en ocasiones, hay un significado oculto en cada acción y en las palabras o expresiones faciales.

A veces, verás a una persona sonriente, pero esta no es la verdadera emoción cuando la examinas de cerca. Las señales no verbales a veces se pasan por alto, pero aprender a descifrar estos códigos realmente puede hacer que sobresalgas en cualquier actividad, ya sea como estudiante, empresario o una persona promedio. De hecho, te sorprenderás de cómoel conocimiento sobre la comunicación no verbal puede ayudarte a persuadir a una mujer, incluso a ganarte el corazón de un socio comercial, o algo más.

El punto de fondo es el saludo de mano, el guiño de los ojos, la dirección de la palma de la mano, o la forma en que una persona gira a los lados, tiene un significado. Depende de ti vigilar estas señales. Evalúa el significado real y los sentimientos que están detrás del lenguaje corporal de cada persona y mantente al tanto del juego.

Decodificar el lenguaje corporal es fácil y sencillo. Este libro contiene pasos probados y estrategias sobre cómo convertirse en un experto en lectura de lenguaje corporal en forma rápida y fácil, haciéndolo a tu favor.

La razón por la que te encuentras en esta página es que esperas convertirse en un maestro del lenguaje corporal; deseas saber lo que realmente significa una persona. Bueno, esta es tu oportunidad única para finalmente hacer que suceda. Esta guía te servirá de ayuda para leer los movimientos y reacciones de las personas. Ni te imaginas siquiera, ya eres un experto en conversar con las personas al saber lo que realmente quieren decir.

Es tu turno hacer que las cosas sucedan y conversar con personas utilizando tu conocimiento del lenguaje corporal o señales no verbales. Esta es una habilidad que te dará un mucho éxito en el futuro, sea cual sea tu actividad.

Quiero agradecerte y felicitarte por descargar el libro, "*Master the Art of Body Language: Learn How to Analyze and Understand Non-Verbal Communication, Discover How to Read People Fast and Understand What Everybody is saying*". (*Domina el arte del lenguaje corporal: aprende cómo analizar y comprender la comunicación no verbal, descubre cómo leer rápido a las personas y entiende lo que todos están diciendo*").

¡Espero que lo disfrutes!

grabación de esta publicación está estrictamente prohibida y no está permitido el almacenamiento de este documento, a menos que tengas permiso por escrito del editor. Todos los derechos son reservados.

La información proporcionada en este documento se considera veraz y coherente, ya que cualquier responsabilidad, en términos de falta de atención o de otro tipo, por el uso o abuso de cualquier política, proceso o dirección contenida en el mismo, es responsabilidad exclusiva y absoluta del lector receptor. Bajo ninguna circunstancia se hará responsable o culpable legalmente al editor por alguna reparación, daño o pérdida monetaria, debido a la información que aquí se contiene, ya sea directa o indirectamente.

Los autores respectivos son dueños de

todos los derechos de autor que no tenga el editor.

La información que aquí se contiene se ofrece únicamente con fines informativos, y es universal como tal. La presentación de la información se realiza sin contrato ni ningún tipo de garantía.

Las marcas comerciales que se utilizan no tienen ningún tipo de consentimiento, y la publicación de la marca registrada no tiene autorización ni respaldo por parte del propietario de la marca. Todas las marcas registradas y otras marcas de este libro son solo para fines de aclaración y pertenecen a los mismos propietarios, no están afiliadas a este documento.

Lenguaje corporal: descripción general

¿Por casualidad hablas con alguien sin realmente pronunciar palabras y aun así funciona? ¿Y alguna vez has pensado por qué las canciones famosas dicen que hay "verdad en los ojos"? Bueno, la respuesta es: lenguaje corporal.

Todas las personas son capaces de decir o expresar sentimientos o emociones a través del cuerpo. En ocasiones, es mucho más simple no decir nada que demasiadas palabras. El problema radica en los que reciben tales acciones. La mayoría de las veces, el conflicto surge cuando el receptor no tiene mucho conocimiento sobre la decodificación del lenguaje corporal. Si eres uno de los que tiene dificultades, este libro te mostrará los secretos.

Lenguaje corporal definido

Por definición, el lenguaje corporal es un tipo de comunicación que no usa palabras. Puede ser cualquier acción o expresión del cuerpo a la que una persona da sentido. Estas señales no siempre se entregan intencionalmente y la mayoría de las veces no se ven y se interpretan incorrectamente.

Esencialmente, las señales no verbales son elusivas, complejas y vienen con varios canales. Hay ocasiones en que éstas se rigen por un cierto conjunto de reglas, pero la mayoría de las veces no están estructuradas y pueden aprenderse de forma innata o por algunas circunstancias.

Con todo esto, ya no es una sorpresa el por qué el lenguaje corporal encantó a muchos. El conocimiento de descifrar el lenguaje corporal se puede aplicar de muchas maneras, como al determinar lo que piensa tu maestro de tu informe, o si tu jefe aprueba tu presentación. Hay muchos casos en que el lenguaje corporal puede jugar un papel muy importante. En algunos casos, el remitente de las señales puede no estar totalmente consciente del mensaje, tanto como los receptores.

Por ejemplo, una persona puede no darse cuenta de que su pupila se dilata cuando se siente emocionada. Por otro lado, un receptor puede no estar consciente de que las pupilas se dilatan junto con la sensación de emoción. Así es como funciona el lenguaje corporal en casi todos los casos.

Decodificando el lenguaje corporal

Ahora, ¿sería genial aprender algunas habilidades de decodificación del lenguaje corporal? Sí, realmente hay una forma de aprender estas señales tácitas. A medida que aprendas, notarás que te estás comunicando mucho mejor y que expresas tus sentimientos y pensamientos de la misma manera. Es una herramienta poderosa, que puede ser más poderosa que el habla, ya que lo que se transmite a las personas y viceversa no tiene que ver con las palabras.

La comunicación exitosa es solo uno de los principales beneficios de aprender el lenguaje corporal. La comunicación efectiva no solo consiste en absorber las palabras y su significado, sino también en traducir las acciones en palabras y significado. Por ejemplo, tu hijo llega a casa de la escuela y le preguntas cómo le fue en los exámenes, él responde "ok". Cuando lo miras a la cara, lo que ves es esa mirada triste, como si el mundo se hubiera desgarrado. ¿Interpretarías que a tu hijo realmente le fue bien en los exámenes? Por lo tanto, aprender a descifrar señales no verbales podría convertirte en un padre más inteligente. Podrías preguntar cuál podría ser el problema al instante y actuar.

Aprender el lenguaje corporal es solo una de las muchas cosas que podrían ayudarte a sobrevivir cada día, de innumerables maneras.

Interpretación del lenguaje corporal: descodificación de señales no verbales

Tomar nota de las señales que las personas brindan a través del lenguaje corporal puede llevar a una comunicación más fluida y efectiva. Recuerda que el lenguaje corporal representa más del 50% de la forma en que se comunica cada persona. En este capítulo, aprenderás a leer e interpretar el lenguaje corporal, para que puedas averiguar con precisión lo que la otra parte está diciendo, en casi cualquier situación.

Estas son algunas de las cosas que debes tener en cuenta:

Lenguaje corporal básico

En general, hay dos tipos de emociones: positivas y negativas. Ahora, tu objetivo es identificar si la persona con la que estás conversando se siente cómoda o no. Aquí hay algunas señales que debes revisar:

Señales positivas:

- Se inclina hacia ti.

- Miembros sin cruzar y relajados.

- Contacto visual establecido.

- Sonrisa auténtica y cálida.

- Apartar la vista por timidez.

Señales negativas:

- Se aleja de tu dirección.

- Piernas/brazos cruzados

- Frotarse partes del cuerpo como los ojos, nariz, etc.

- Pies en dirección opuesta a ti.

- Mira de lado a lado.

El rostro

El rostro podría decir mucho, una sola expresión puede significar una cosa y mucho más. Por lo tanto, debes ser observador de las expresiones faciales y emociones detrás de esto. Detectar emociones como alegría, tristeza, ira y miedo, es bastante fácil, ya que parece haber una forma universal de expresión para mostrar esto en todo el mundo.

Otras emociones comunes a observar a través de la cara incluyen lo siguiente: confusión, deseo, emoción, desdén y sorpresa entre otras.

Mirar a los ojos

Los ojos podrían revelar mucho sobre cómo una persona piensa y siente. Por lo tanto, debes practicar mirar a los ojos de la persona en una conversación y notar algunas cosas como las siguientes:

- Forma de parpadear: Bueno, parpadear es innato. Pero debes prestar atención a la forma en que una persona parpadea. Por ejemplo, las personas con parpadeo rápido pueden sentirse agitadas o con dolor. Si una persona parpadea menos que lo normal, puede concentrarse o tratar de ocultar algo como sentimientos de emoción o cualquier otra cosa.

- La mirada: una persona que constantemente mira hacia otro lado o rompe el contacto visual, puede sentirse incómoda o esconder algo. Por otro lado, una persona que mira demasiado tiempo puede hacer que te sientas amenazado. Una persona que mira directamente a los ojos puede significar que está enfocando su atención, o que está interesada.

- Dilatación de la pupila: el tamaño de la pupila tiene algo que ver con la forma en que se siente una persona. Pupila dilatada significa que la persona está emocionada o interesada. Pero luego, toma nota de las cosas que pueden causar la dilatación de la pupila, como el alcohol y las drogas, tales como la anfetamina y la cocaína.

Conversaciones orales

La boca puede realmente hablar incluso sin palabras. Aquí hay algunas cosas a las que debes prestar atención:

- Morderse los labios: las personas que se muerden constantemente los labios están estresadas o preocupadas.

- Fruncir los labios: esta expresión de la boca puede ser un signo de desaprobación o disgusto.

- Abajo o arriba: una persona que es feliz o

se siente positiva, a menudo tiene la boca hacia arriba. Por otro lado, una persona con la boca hacia abajo puede significar que está triste, expresando desconfianza o desaprobación.

- Ocultar la boca: en algunos casos, te encontrarás con personas que se cubren la boca. Si es así, esto puede significar que están ocultando lo que realmente sienten. Detrás de la cubierta, pueden estar sonriendo.

Piernas y brazos

Las piernas y los brazos son muy útiles para transmitir mensajes no verbalmente. Aquí hay algunas señales sutiles que indican algo si estás atento:

- Piernas/brazos cruzados: estas señales pueden indicar algo de lo siguiente: que necesitan privacidad, protección, o que no están interesados en absoluto.

- Dedos inquietos: Esto significa aburrimiento, frustración o impaciencia.

- Agarrarse las manos detrás de la espalda: esto puede significar enojo, aburrimiento, o ansiedad, según la situación.

La postura

La forma en que una persona va con su cuerpo también es esencial. Hay muchas formas de postura, pero estas pueden resumirse hasta en dos:

- Cerrada: Esto simplemente significa tener las extremidades cruzadas o el cuerpo inclinado hacia adelante. Tal postura puede significar ansiedad u hostilidad.

- Abierta: esta postura involucra un cuerpo expuesto que indica presteza, sinceridad y accesibilidad.

Distancia o espacio

La distancia entre las personas mientras se comunican, también cuenta cuando se observa el lenguaje corporal. Echa un vistazo a continuación:

- Íntima: esta se ve comúnmente en personas que tienen relaciones cercanas. El espacio íntimo es donde tocar y abrazar es aceptable.

- Personal: este tipo de espacio es donde se incluye a los amigos y familiares. Cosas como sentarse cerca, o uno frente al otro, entra en esta categoría.

- Social: este tipo de espacio es aplicable a personas que son colegas o conocidos. Dicho espacio debe ser observado cuando hables con tu profesor, tu jefe o compañero de oficina, etc. La distancia que cubre es generalmente de 10 a 15 pies.

- Pública: algunas situaciones que involucran espacio público incluyen, hablar frente a una gran multitud, o hacer presentaciones a una multitud, etc.

Gestos con las manos

Los gestos con las manos pueden ser algo como señalar con el dedo, saludar, o señalar cantidades numéricas. Sin embargo, hay algunos gestos que pueden significar algo diferentede un lugar a otro. Echa un vistazo a estas señales:

- Pulgar hacia abajo/arriba: Hacia abajo significa desaprobación, mientras que Hacia arriba significa lo contrario.

- Puño apretado: esta forma puede significar enojo o, en algunos casos, convicción.

- Signo "Bien u Okey": el signo universal de bien, significa positivo o de acuerdo. Sin embargo, en Sudamérica, este es un signo vulgar, mientras que en los países europeos, esto significa menospreciar a la persona con la que se está hablando.

- Gesto en V: Para muchos, esto significa victoria, mientras que en países como Australia y Reino Unido, este gesto es vulgar, especialmente cuando la mano se coloca sobre la cara.

Sonrisas

Puede que no lo sepas, pero hay sonrisas falsas y genuinas, también conocidas como "Duchenne". ¿Por qué es importante saber cuál sonrisa es real o cuál no? Bueno, según los estudios, los mentirosos a menudo pueden ser atrapados a través de su sonrisa.

Es fácil: los expertos dicen que las sonrisas falsas indican que una persona está mintiendo. Las sonrisas reales son las que involucran los ojos. Básicamente, una sonrisa es genuina si ves algunas arrugas alrededor de los ojos a medida que las mejillas suben. Si ves lo contrario, una mentira puede estar sucediendo en este momento.

El lenguaje corporal y el dominio de las entrevistas de trabajo

Las entrevistas de trabajo son realmente angustiosas, ya que puede ser difícil convencer a tu posible empleador de que tú debes ser el elegido. La experiencia puede ser incómoda en la mayoría de los casos y es posible que no notes que estásdando señales negativas no verbales.

Mostrar un lenguaje corporal positivo podría hacer una gran diferencia entre una entrevista de trabajo fallida y una exitosa. A continuación, se incluyen algunos consejos y sugerencias sobre el lenguaje corporal que puede tener en cuenta al realizar una entrevista. ¡Deja que tu cuerpo se mueva y hable!

Primera impresión –Entrada

La entrevista comienza incluso antes de que ingreses a la sala de entrevistas. Por lo tanto, debes pararte o sentarte recto y firme y evitar los dedos nerviosos y la inquietud. Se lo más tranquilo y confiado posible. Este no es el momento de jugar con tu currículum vitae o portafolio que puedas tener en el momento.

En la medida de lo posible, no coloques tantas cosas sobre las piernas, para que puedas evitar ser torpe o que se te caigan las cosas al levantarte. Esto te permite saludar al entrevistador de una manera más elegante.

El saludo de mano pesa mucho

Dominar el saludo de mano - ¡eso es todo! El saludo de mano podría hacerte tener éxito o fracasar, así que presta mucha atención a este asunto. Evitalo que se llama "agarre de la muerte" o sujetar la mano del entrevistador con demasiada fuerza y sacudirla de una manera muy agresiva. Esto podría significar que estás demasiado nervioso o incómodo.

Intenta actuar de la manera más cómoda posible. Es mejor usar la mano derecha y sostener lo que tienes con la otra mano. La palma debe estar un poco hacia arriba y dejar que los entrevistadores cubran tu mano, ya que es una señal de respeto. No cometas el error de usar tu mano izquierda para cubrir la mano del entrevistador, mientras estás saludando con tu mano derecha, esto puede interpretarse como tomar el control.

Durante la entrevista

Ahora, presta atención a estas cosas, especialmente cuando la entrevista está en curso:

- Postura: ir neutral. Evita encorvarte, ya que puedes parecer perezoso, y evita inclinarte hacia adelante, ya que puede mostrar arrogancia por tu parte.

- Contacto visual: Establece contacto visual, pero no mires fijamente. Simplemente haz contacto visual hasta que crees la conexión. Mirar fijamente puede ser molesto e intimidante.

- No señales: no uses los dedos para señalar, ya que muestra demasiada agresividad.

- Brazos/piernas cruzadas: no lo hagas. Estas señales del cuerpo significan resistencia o falta de voluntad.

- No asientes demasiado con la cabeza: no asientes como si fueras un títere. Dos veces es suficiente y asegúrate de acompañarlo con una bonita sonrisa.

- No juguetees: no juegues con los dedos ni toques tu regazo. Sobre todo no te muerdas las uñas.

- Posición de la mano: No te metas las manos a los bolsillos ni las pongas detrás de la espalda. Deja que cuelguen libremente y lo más relajado posible, mientras hablas.

- Haz que coincidan - Es importante relacionar tus reacciones con lo que estás diciendo. No digas que estás entusiasmado con algo cuando parece que estás asistiendo a un funeral.

Terminando la entrevista - El punto de vista de los entrevistadores

Cuando termine la entrevista, no olvides levantarte suavemente y dejar una sonrisa. No olvides darle la mano al entrevistador y evitar preguntar, o dejar que se dé cuenta de que estás ansioso por saber cómo fue la entrevista. Déjalo para más tarde.

Ahora, ¿cuáles son las posibilidades de obtener el trabajo? Ten cuidado con estas señales sin afectar tudesempeño durante la entrevista:

- Rostro: si el entrevistador asiente o sonríe con frecuencia, entonces es buena señal. Por otro lado, si el entrevistador levanta una ceja o se muestra desinteresado, entonces presta atención.

- Ojos: idealmente, el entrevistador debería establecer contacto visual contigo si está interesado. Si no, te darás cuenta de que sus ojos vagan por la sala de entrevistas.

- Gestos: presta atención a los gestos positivos, como asentir con la cabeza, sonreír, tomar notas, etc. Sin embargo, ten cuidado cuando el entrevistador se incline hacia atrás, cruce las piernas o los brazos, o incluso tenga expresiones faciales que no coincidan con sus palabras.

- Postura: preferiblemente, el entrevistador debe estar sentado de manera relajada, ligeramente inclinado hacia adelante. Cuidado con las señales negativas, como encorvarse y cruzar los brazos.

Las citas amorosas y el arte del lenguaje corporal: para hombres y mujeres

Aprender sobre el lenguaje corporal puede realmente perfeccionar tus habilidades en tus citas amorosas, ya seas hombre o mujer. Hay toneladas de señales no verbales que podrían indicar que una persona está realmente interesada en ti. ¿No sería agradable detectar instantáneamente si la persona con la que estás saliendo está realmente interesada?

Te sorprenderá cómo estas señales no verbales pueden darte la respuesta, si le atraes o no a un chico o una chica. Echa un vistazo a estas cosas:

Contacto visual

Puedes encontrar que una persona que te mira con timidez o torpeza es una persona a la que realmente le atraes. Si ves que la persona con la que estás te mira cuando pareces mirar hacia otro lado, ¡entonces hay una posible pareja de amor!

Además, trata de mirar de cerca a los ojos de la persona: si observas que la pupila se agranda, bien por ti, esta es una señal de que le gustas a esa persona. Entonces, aprovecha a las chicas y los chicos a quienes les gustaría jugar ese juego de miradas. ¡Puedes atraparlos fácilmente con este truco del lenguaje corporal!

Gestos delicados y que buscan atención

Una persona a la que le atraes realmente buscará una manera de acercarse a ti y a tu cuerpo, por supuesto. Por ejemplo, una chica o un chico harán un esfuerzo para que tus hombros se encuentren al conversar. O probablemente, alguien con quien estás saliendo está realmente contigo cuando ves sus gestos abiertos, como cuando se te pone frente a ti, con los brazos relajados y las piernas abiertas.

Esa persona con la que estás saliendo

también hará cosas como rosar tu brazo a propósito o accidentalmente si le gustas, así que pendiente con estas señales sutiles. Las chicas también se arreglarán constantemente el cabello, mientras que los chicos seguirán ajustando su camisa o cualquier cosa que esté en su cuerpo para atraer tu atención.

Ladear la cabeza e inclinarse

Estas señales podrían observarse mejor al tener una conversación cara a cara con tu cita amorosa. Cuando una persona con la que estás saliendo se inclina hacia ti, entonces hay un posible interés. Esta es una gran señal de que una persona tiene un interés oculto en ti y en lo que estás diciendo.

Ladear la cabeza también significa que la persona con la que te encuentras quiere hacerte saber de su presencia. Por otro lado, si deseas que tu cita amorosa se dé cuenta de ello, asegúrate de no ladear la cabeza, mirando por encima de la cabeza de la otra persona o explorando el área, ya que la otra persona puede interpretarlo como falta de atención o interés.

Mirar el bolso de la mujer

Al instante puedes saber si una mujer está interesada si observas cómo sostiene su bolso. Por ejemplo, una dama que no se siente atraída o no se siente cómoda contigo, sostendrá su bolsa o bolso justo a un lado, o justo delante de su cuerpo.

Por otro lado, una mujer que se siente atraída por ti, sostendrá su bolso sin apretar y se asegurará de que su bolso no bloquee su vista. Esta es su forma de llamar tu atención.

Dirección de los pies

Podrías distinguir si atraes a tu cita amorosa observando sus pies. El secreto aquí es darse cuenta hacia dónde apuntan los pies. Si los pies apuntan a otra dirección y no hacia a ti, como hacia la puerta de salida o hacia cualquier otro lugar, el chico o la chica no estáinteresado o interesada en ti.

Pero si ves que sus pies están apuntando hacia ti, ¡es tu día de suerte! Es una señal de que esa persona está realmente atraída y está dispuesta a conocerte mejor.

Postura muy abierta

Es una reacción natural que el cuerpo se abra completamente cuando se está interesado. Algunas de las señales no verbales indicadoras que lo acompañan incluyen el arqueo de las cejas. Esto puede significar que la persona con la que estás saliendo te da la bienvenida y quiere que la conozcas mejor y con claridad.

Seguramente, los ojos se dilatan con efecto enla nariz. Fíjate cómo también se abren los orificios nasales de tu pareja. Este suele ser el caso cuando le gustas a una persona: el o ella inhala completamente, para olerte como un posible amante.

Los negocios y el arte del lenguaje corporal

La forma en que utilizas tu cuerpo cuando te comunicas con las personas dice mucho sobre ti. Cuando estás en el complejo mundo de los negocios, estar alerta de cómo funciona el lenguaje corporal es importante. Tus gestos y las señales no verbales que estásdando, pueden crear o romper relaciones posibles o existentes; todo esto tiene un impacto vital en tu progreso.

Si eres el jefe o un humildeempleado, estos puntos se deben tener en cuenta:

Postura

Tienes que aprender a presentarte y comportarte lo suficientemente bien. Básicamente, ya sea de pie o sentado.

Cuando estés de pie, asegúrate de que su espalda esté recta y alineada con el resto del cuerpo. Tu estómago no debe estar salido y, por favor, evita encorvarte, ya que esto puede mostrar pereza. Además, evita meter las manos en los bolsillos.

Cuando estés sentado, siéntateerguido, con las piernas juntas. Cruzar las piernas no es ideal, ya que puede parecer hostil, pero los hombres pueden hacerlo de manera que el tobillo con la rodilla queden a nivel. Además, no muevas la rodilla, esto puede ser realmente molesto para las personas.

Contacto visual

Asegúrate de hacerlo, pero no exageres. La capacidad de establecer y mantener un buen contacto visual es un signo de confianza. Hacerlo también le ayuda a comprender lo que la otra parte tiene que decir. Además, también hace saber al receptor que estás interesado en lo que tiene que decir.

Comienza el contacto visual tan pronto como inicie la conversación y mantenlo siempre y cuando no te quedes mirando demasiado profundamente. Sigue así hasta el final de la conversación. Puede que te resulte incómodo mirar directamente a los ojos, pero puedes fingir al mirarhacia algún lugar entre los labios y la nariz. Además, está bien mirar hacia abajo de vez en cuando, pero asegúrate de regresar lo más rápido posible.

Expresiones faciales

El rostro puede expresar mucho, por lo que es vital aprender más sobre él. Por ejemplo, la sonrisa falsa puede llevarte al fracaso con otras personas, mientras que la sonrisa genuina puedellevarte a lo alto. Siempre dale la sonrisa más verdadera a la gente y serás visto como generoso y amigable.

Fruncir el ceño sugiere ira o desaprobación, pero es muy común. Trata de examinar tus expresiones faciales con frecuencia y ve qué otras personas pueden notarlo o dar también un significado. Por ejemplo, ¿te muerdes mucho los labios o arqueas la frente quizás? Si es así, ¿cuándo lo haces? Trata de evaluar y utilizar tus expresiones faciales de manera apropiada para una comunicación más efectiva.

Movimientos de la cabeza y de las manos

Tu cabeza puede hacer tanto que puede comunicarse por sí misma. La forma más común es asentir para mostrar acuerdo. Sin embargo, no lo hagas con demasiada frecuencia si no deseas parecer a un muñeco cabezón delante de tu jefe, empleado, o posibles clientes comerciales. Si vas a mover la cabeza para expresar desaprobación, asegúrate de no exagerar tampoco.

Además, toma nota de tus manos. Por ejemplo, un apretón de manos es altamente funcional en el mundo de los negocios; asegúrate de perfeccionar el tuyo. No hacerlo puede arruinartu negocio o hacer que existan relaciones. Es sencillo: hazlo firme y fuerte, pero no demasiado agresivo que se interprete que estás superando en autoridad a la otra persona.

Otra área a considerar es la inquietud y otros movimientos de las manos. No juegues con tus manos y evita cualquier actividad innecesaria con ellas, como tocarte el pelo o morderte las uñas. Evitagrandes movimientos tanto como sea posible, ya que los hombres de negocios poderosos usan movimientos de mano sutiles y pequeños para significar autoridad.

Guarda tu teléfono

Esta es probablemente una de las últimas actualizaciones en términos de uso del lenguaje corporal para tener éxito en los negocios. Bueno, es un hecho: tu teléfono móvil es una necesidad. Pero no dejes que se interponga en tu negocio. Cuando hables con alguien, evita sostenerlo en las manos, o colocarlo entre usted y la persona con quien estás hablando. La otra persona puede pensar que el teléfono es más importante que ella.

Consejos finales

Por ahora, seguramente sabrás que el lenguaje corporal pesa mucho para atraer y comprender a las personas en cualquier caso. Aquí tienes un resumen rápido y una serie de consejos útiles,de manera que puedasdominar esta extraordinaria forma de arte:

Ten confianza

No pienses demasiado ni dudes, solo déjalo fluir, pero ten cuidado. Esta es una de las claves para dominar el arte del lenguaje corporal. Tener confianza te permite parecer con autoridad y relajado al mismo tiempo. Por ejemplo, cuando estés sentado, siéntateerguido y simplemente deja que tus brazos cuelguen libremente, o colócalos cómodamente en tus piernas. Adoptar tal postura puede ayudarte a conquistar el mundo.

Mantente en el lado positivo

Recuerda que hay dos tipos generales de lenguaje corporal: positivo y negativo.

Siempre mantente en el positivo y aprende a expresar interés en los momentos correctos. Uno de los errores más comunes es usar un lenguaje corporal cerrado, como cruzar brazos y piernas, lo que puede significar desinterés.

Contacto visual

El contacto visual es algo que puedes observar y practicar: es una señal de interés, amabilidad y, en algunos casos, puede utilizarse para atraer la atención de alguna manera. Puede usarse y darse en tu vida cotidiana, así como en el departamento de negocios y del amor. Por ejemplo, notarás si una persona está interesada si ves que te mira a los ojos y las pupilas se dilatan de emoción.

Sonríe

El poder de la sonrisa nunca pasará de moda. Sonríe a menudo para incitar sentimientos positivos. Además, aprende a ver si la gente que te rodea sonríe genuinamente. Esto te ayudará a entender a la gente aún mejor.

Advierte las expresiones espejo

Cuando estés hablando con alguien, trata de observar si el receptor está imitando tu lenguaje corporal de manera instintiva. Si es así, esta es una señal no verbal que él aprueba o le atraestú y lo que estás diciendo. Por otro lado, también puedes utilizar esta técnica para establecer una buena relación y afinidad.

Conclusión

¡Gracias de nuevo por descargar este libro!

Espero que este libro haya podido ayudarte a aprender sobre el lenguaje corporal a un nivel más profundo: de qué se trata, sus diferentes formas, la forma en que estas señales no verbales pueden interpretarse y utilizarse en innumerables circunstancias.

Aprender a usar y leer efectivamente el lenguaje corporal juega un papel vital en la comunicación. A medida que el cliché dice "las acciones son más fuertes que las palabras", siempre debes tener en cuenta las señales no verbales que te rodean y las que estás dando a las personas.

El siguiente paso es tratar de aplicar lo que aprendisteen esta guía paraquedar bien y entender mejor a otras personas y viceversa.

Finalmente, si disfrutaste de este libro, me gustaría pedirte un favor, ¿serías tan amable de dejar una reseña para este libro? ¡Te agradecería mucho!

Parte 2

Introducción

Primero quiero agradecerte y felicitarte por haber descargado este libro.

Usamos el lenguaje corporal tan seguido que rara vez pensamos al respecto, pero de todas formas influencia nuestras acciones, percepciones, sentimientos y la calidad general de nuestra vida, carrera y relaciones, en gran medida.

Por lo tanto, el lenguaje corporal es una herramienta que podemos usar para construir un carácter fuerte. Si descuidamos el uso de esta gran herramienta, nuestro carácter no será tan fuerte.

Afortunadamente, cualquiera puede aprender cómo usar el lenguaje corporal progresivamente, para su propio beneficio, sin importar el contar con experiencias previas con el, porque podemos utilizar el lenguaje corporal de forma inconsciente desde que somos niños, es algo instintivo para nosotros.

El poder arribara cuando aprendas a usar el lenguaje corporal deliberadamente en el tiempo y lugar correcto para conseguir lo mejor de cada situación e interacción social. Este libro contiene pasos y estrategias comprobadas para ayudarte a hacer esto.

El cambio es posible con pequeños y progresivos pasos. Cada pequeño paso es un pequeño suceso. Leer este libro es tu primer paso. Ya comenzaste a triunfar porque estás leyendo estas líneas.

Capítulo 1: Comunicar sin palabras

Para muchos, la idea del lenguaje corporal representa efectivamente una forma de comunicación sin palabras. Sin embargo, el problema es que luego se reduce al modo en que la otra parte interpreta esos sutiles movimientos. ¿Son capaces de hacerlo en la misma manera en que los estas retratando? Para empezar, ¿estas enviando las señales correctas?

También es importante tener en cuenta que no toda "señal"que enviamos es intencional ya que es cuando la mente inconsciente entra en juego. Frecuentemente el concepto de lenguaje corporal es desestructurado en su acercamiento; es complejo y las reglas que proyecta son fluidas, y para muchas esto es lo que da una sensación de temor a su alrededor, llevando a causar el incremente del estrés y la ansiedad.

Cuando te detienes a pensar en ello, el lenguaje corporal es la forma en que teníamos que comunicarnos antes de que fuéramos capaces de hablar como humanos. Gruñidos, señalar con el dedo, variados gestos con las manos, son todas formas de comunicación no verbal que funcionaba. La equivalencia moderna es tan solo una evolución de aquellos tempranos tiempos en el cual teníamos un conocimiento mucho menor de lo que las diferentes partes significaban realmente.

El lenguaje corporal puede ser aprendido

A pesar de que hay aspectos del lenguaje corporal que son tratados en un nivel inconsciente, hay diferentes partes que podemos aprender para luego poner en buen uso. La mejor parte es que no es una ciencia espacial exacta, y la diferencia que se puede alcanzar gracias a simplemente alterar unas pocas áreas es realmente muy impresionante.

Hay numerosos trabajos donde el entendimiento del lenguaje corporal puede ser usado a tu favor, cubriré esto en un capitulo posterior, pero ahora mismo es importante comprender que estos individuos no se levantaron simplemente una mañana y habían dominado este particular arte por su cuenta. En su lugar, ellos fueron guiados acerca de cómo hacer movimientos poderosos o mostrar confianza a través de su cuerpo, y funciona.

Entonces, esto es lo que haremos a través de este libro.

Primero, veremos los aspectos absolutamente básicos del lenguaje corporal para darte un nivel elemental para poder construir a partir de el a medida que el tiempo avanza. También se le dedicara tiempo a observar como leer el lenguaje corporal de otros para acertar en que es aquello que genuinamente están pensando o sintiendo en cualquier momento.

Entendiendo ambos lados de la moneda, esperadamente estarás en una mejor posición para poder usar el lenguaje corporal a tu beneficio una y otra vez, cambiando tu vida para mejor. Enfrentémoslo, ¿Quién no querría que eso le pasara?

Con esto dicho, comencemos.

Capítulo 2: Los Básicos del Lenguaje Corporal

Entonces, ahora que te he dado una breve introducción al lenguaje corporal en general, es tiempo de explorar los básicos para ayudarte a llegar a un acuerdo con lo que ya conoces del tema, y también para incorporarlo aúnmás en tu vida.

Claramente tendré que concentrarme en las cosas conscientes que hacemos en lugar de en las partes inconscientes ya que estarán fuera de nuestro control. De todas formas, hay mucho que cubrir tan solo con esta parte del lenguaje corporal.

Tu Cuerpo Puede Retratar Emociones y Pensamientos

Indudablemente hay un nexo entre el cuerpo y la mente incluso cuando crees que tus pensamientos están siendo mantenidos para ti mismo, este no siempre es el caso.

Piensa en un momento en el que estuviste nervioso o ansioso. Se honesto contigo mismo acerca de cómo estaba tu cuerpo en este punto.

L mayoría de las personas hallaran que su cuerpo se pone más tenso. Puedes agitarte mucho y ponerte inquieto. Tu cabeza se posicionara más debajo de lo que usualmente lo haría. Frecuentemente cruzaras tus brazos sub conscientemente, o si estas sentado cruzaras tus piernas, y todo esto esta enviado señales de que estas ansioso.

Cuando piensas en ello lógicamente, si cruzas tus brazos o piernas, estás haciendo tu cuerpo más pequeño de lo que usualmente es y está ocupando menos espacio. Es un método para tratar de hacerte a ti mismo casi invisible y es un signo de que preferirías estar en cualquier otro lado aparte de donde estas en este momento.

Si mantienes ese pensamiento en mente mediante el resto de este capítulo, luego deberías notar que el resto caerá en su lugar sin mucho problema.

Formas del Lenguaje Corporal Básico

Para hacer la vida más sencilla, podemos ver las diferentes formas del lenguaje corporal, y para el final de esta parte del libro quiero que tu tan solo te detengas por un momento y pienses acerca de cuantas de ellas haces en una base diaria. Hay claramente varias partes de tu cuerpo con las que lidiar así como la manera en la que hablas. Además, necesitas estar consciente de la manera en que saludas a las personas porque eso también juega un papel. Entonces, con esto en mente, miremos las cosas divididas en varias partes.

1. Tu Cuerpo Principal

Con esto me refiero a la zona del cuello hacia abajo. La manera en que te paras, sientas, o te mueves resultara en las personas interpretando cómo te sientes en cualquier momento dado. Las personas prestan atención a cuan separados tus pies se encuentran dado que esto demuestra tanto una postura débil como poderosa. Al mismo tiempo, lo que estas haciendo con tus manos será interpretado tanto en una forma positiva como negativa.

2. Tu Cabeza

Voy a discutir el rol de la cabeza en un capitulo posterior, pero ahora mismo solo quiero señalar que muchas expresiones y emociones provienen de tu cabeza que puede ofrecer un punto focal real respecto al lenguaje corporal. Desde la manera en que enfocas tu cabeza ya sea directamente hacia adelante o mirando hacia abajo, a la forma en que tu cuello parece estar rígido o relajado. Tu boca, tu mirada, si empleas tiempo rascando partes de tu rostro, todos ellos juegan un rol en el modo en que retratas tus emociones y sentimientos a través de tu cabeza.

3. Lenguaje Corporal Abierto y Cerrado

Hay dos categorías principales del lenguaje corporal, abierto y cerrado. El abierto representa alguien que es seguro en lo que hace sin miedo, mientras que el cerrado muestra a alguien que es ansioso o temeroso. También míralo de este modo. Abierto significa que llenas el espacio en el que te encuentras mientras que cerrado es el completo opuesto, contigo haciéndote lo más pequeño posible. Aprende los diferentes movimientos entre estos dos y podrás ser capaz de alterar completamente la manera en que las personas te perciben en variados momentos.

4. Tus Gestos

Tus gestos son otra forma de lenguaje corporal, y todos los hacemos en nuestros variados modos. Sin embargo, la manera en que tú los haces va a variar en gran escala y puede enseñar ya sea miedo o confianza abrumadora. Una vez más tenemos que pensar acerca del espacio y la fuera de tus gestos para comprenderlos. Pequeños gestos, o la completa ausencia de ellos, es interpretado como temor y ansiedad. Grande y ocupando el espacio con ellos completamente en sus movimientos, exuda confianza.

5. Tu Franqueza

Cuan directo eres cuando tratas con personas, también representa una forma de lenguaje corporal. Si te espantas de ellos hablando tranquilamente, inquietándote, evitando el contacto visual y siendo más indirecto en el modo de interactuar, entonces podrás comprensiblemente ser visto como nervioso y las personas podrían caminarte por arriba. De todas formas, haz lo opuesto y las personas sentirán que no eres alguien con quien jugar y que sabes que es lo que estás haciendo.

6. Tu Caminar

La manera en que caminas, ya sea en la calle o cuando entras a una habitación, es usualmente un buen indicador acerca del tipo de emociones o sentimientos que tienes en ese momento en el tiempo. Un fuerte lenguaje corporal significa que caminas con un paso saludable, con una postura erguida, la cabeza arriba, el pecho hacia afuera y los hombros hacia atrás- Caminas a un paso normal sin apurarte hacia ninguna parte. Haciendo lo opuesto de estas cosas es visto como negativo y debería ser evitado siempre que sea posible.

7. Saludando a las Personas

Cuando se saluda a las personas, la forma en que lo haces implica también un modo de lenguaje corporal. Une vez más, estás buscando transmitir fuerza en lo que estás haciendo así como siendo asertivo en cada una de las partes. Cuando se saluda a una persona necesitas tener un firme apretón de manos, asegurarte de sonreírle y siempre mirarlos directamente a los ojos. También mantén tu cuerpo lo más relajado posible.

Una breve lista de Movimientos Importantes

Como puedes ver, estos siete métodos diferentes por los cuales el lenguaje corporal puede utilizarse implican que hay una tendencia de acuerdo a la cual hacemos variados movimientos un número de veces al día. Sin embargo, también necesito proveerte una breve lista de los movimientos principales que todos tendemos a hacer bastante en una base regular. Siendo consciente de los movimientos más positivos en el lenguaje corporal, ser más sencillo para ti luego incorporarlos en tu mente consciente.

1. Los Movimientos Positivos

Ten una postura relajada pero fuerte.

Ocupa más especio en lugar del menor espacio posible,

Inclínate ligeramente hacia una persona cuando está hablando.

Coloca tus brazos cómodamente a tus lados.

Mantén los pies separados acorde al ancho de tus hombros.

Usa gestos solidos con tus manos para desplegar confianza y enfatizar un punto.

Ten un apretón de manos firme pero no los aplastes.

Mantén el contacto visual.

Asiente con tu cabeza o sonríe cuando estás de acuerdo con alguien.

Disminuye el ritmo de las cosas un poco ya que esto muestra confianza.

Aleja los objetos de ti ya que estos son vistos como resistencia.

2. Los Movimientos Negativos

Nunca mires a tu reloj ya que muestra que te quieres ir.

Nunca mires hacia el suelo porque refleja

que no estas interesado.

Nunca mires demasiado fijamente a las personas o mantengas la mirada alejada de ellas.

No te agites.

No cruces tus brazos o piernas ya que cierran tu cuerpo,

No te reclines mientras hablas con alguien.

Evita tocar tu rostro ya que dice que estas ansioso.

No estés tocando cosas ya sea a ti mismo o tu ropa.

Nunca te sientes en el borde de la silla.

Nunca golpetees tu lapicera o ningún otro objeto.

Cuida cuan seguido parpadeas.

Evita acercarte demasiado a un individuo y recuerda su espacio personal.

Nunca sonríasfalsamente; es demasiado obvio.

Relájate y no te pongas demasiado rígido ya que eso también es muy obvio.

Hay muchas otras cosas que podría mencionar aquí, pero las dos listas de positivos y negativos van a ser suficiente para educarte en el tipo de cosas que necesitas hacer de una manera positiva. Cometerás errores en diferentes momentos, pero eso está absolutamente bien ya que todo el mundo lo hace, siempre y cuando no te afecte.

Habiendo dicho esto, hay algunos sutiles signos asociados con el lenguaje corporal que también necesitas conocer, y allí es a donde me dirigiré a continuación.

Capítulo 3: Enfrentarse a esos Sutiles Signos

En el capítulo inicial mencione cuan seguido habrán aspectos del lenguaje corporal que son muy sutiles en su naturaleza. Sin embargo, gracias a esta sutileza hay una chance muy real de que te los pierdas o incluso minimices como muestras ciertas cosas por ti mismo.

Entonces, con eso en mente, te llevare a través de algunos de esos sutiles signos clave tan solo para hacer la vida un poco mássencilla. También, puedes tal vez ver este capítulo como una enseñanza acerca de cómo leer el lenguaje corporal también, dado que eso probara ser bastante útil en la vida.

La Llave para la Sutileza

Como la palabra sugiere, es frecuentemente el más pequeño de los movimientos en el lenguaje corporal el que puede decirnos, o divulgar, la mayor información. Para algunos, esto probara ser algo depresivo ya que descubren que no han sido capaces de esconder sus verdaderos sentimientos o emociones tan bien como lo habían pensado.

Para ayudar, voy a darte algunos ejemplos de a lo que me refiero son signos sutiles que no solo te harán consciente de cuando los uses tú mismo, sino también como luego identificarlos en otros.

El Uso de los Ojos

Probablemente has escuchado el dicho acerca de que los ojos son las ventanas del alma, y en el lenguaje corporal no hay duda de que son capaces de decirte mucho acerca de lo que la persona está pensando o sintiendo.

Piensa al respecto por un momento.

Si estás hablando con alguien y notas que los ojos se están moviendo hacia todas partes, ¿Cómo te sientes? Las posibilidades son que percibas que el individuo está ansioso o aburrido ya que está dando señales entre esas líneas tan solo por el modo en que es incapaz de mantener cualquier sentido de contacto visual.

En su lugar, necesitas asegurarte de mirar a los individuos en lugar de ignorarlos con tu mirada mientras hablas. No es tan solo de poca educación, sino que también es visto como un pobre lenguaje corporal y dará una impresión equivocada.

La Distribución del Peso

La distribución del peso es otro sutil signo que puede decirte mucho acerca de un individuo y aquellos que está pensando o sintiendo. Por ejemplo, es aceptado que la manera en que distribuyes tu peso puede enviar señales acerca de si estas o no cómodo. Un individuo que tiende a poner más peso en un pie que en el otro estáenviando la señal de que está ansioso y le encantaría poder irse a otra parte. Para una señal positiva necesitas plantar ambos pies firmemente, los hombros bien separados y asegurarte de que tu peso este distribuido de forma balanceada, ya que esto muestra una pose más confiada.

Tu Postura

Usualmente se nos dice que tenemos que tener una buena postura para prevenir problemas de espalda en el futuro, pero ocurre algo más.

Para reflejar un lenguaje corporal fuerte y seguro, tienes que tener una buena postura. Por ejemplo, cuando estas sentado en una silla, nunca deberías encorvarte. Tampoco deberías inclinarte hacia adelante ya que ambos tienen el impacto de hacerte ver más pequeño en tamaño y esto es exhibición de ansiedad.

En su lugar, tu postura en la silla debería de mostrar una espalda apoyada en el respaldo, sentado derecho pero también pareciendo estar relajado.

En adición, al estar de pie o caminando, una buena postura implicaría que estas a tu altura completa en lugar de levente encorvado sobre el individuo, lo cual la mayoría tendemos a hacer. Una vez más, puedes ver como el caminar derecho con tus hombros hacia atrás, tu cuello completamente extendió, te mostrara como alguien que no tiene miedo y se siente confiado en lo que es.

Tensión

¿El individuo con el que estás hablando parece estar tenso en su cuerpo e incluso en su voz? Cierta rigidez en el cuerpo es vista generalmente como una representación de ansiedad y miedo, y todavía es una cosa que podemos pasar por alto.
¿Qué está haciendo con su cuello? ¿Qué hay acerca de sus hombros? La tensión y los nervios usualmente pueden ser hallados en estas partes del cuerpo así como en sus movimientos.

Tus Movimientos

Tus movimientos puede, por supuesto, ser el resultado de ambos la ente consciente y la inconsciente. De todas formas, cosas como el ángulo en el que estas mientras le hablas a alguien puede conllevar ciertas interpretaciones acerca de cómopodrías estarte sintiendo. Siempre ten en mente las señales del lenguaje corporal abierto ycerrado y como se relacionan con esos movimientos. También, incluso si es aceptado que los movimientos fuertes representan a un individuo seguro, hay un punto limite en el cual se vuelve demasiado obvio que estas efectivamente intentando encubrir el hecho de que estas ansioso.

Señales sutiles pueden hacer una enorme diferencia en tu entendimiento del lenguaje corporal y de un individuo. Ser consciente de los más pequeños signos simplifica la interpretación de su humor o emocionas, siempre y cuando lo uses para tu propio beneficio.

Capítulo 4: Como Usarlos en Tu Favor

El lenguaje corporal puede tener tanto un impacto positivo como no negativo, pero no hay duda de que podemos usarlo en nuestro beneficio si sabemos lo que estamos haciendo.

Con eso en mente, exploremos como podrás, en efecto usar el lenguaje corporal tanto para localizarte a ti mismo en una mejor posición o incluso hacer ms probable que seas capaz de obtener lo que quieres.

La manera exacta en que puedes usar esto en tu beneficio dependerá de que es lo que quieras alcanzar. Entonces, te daré un par de posibles escenarios y el papel que jugara el lenguaje corporal en él, tan solo para que puedas ver como podrías adaptar esos sutiles movimientos tú mismo.

Usando el Lenguaje Corporal para Conseguir lo que Quieres

Para obtener lo que queremos, tiene que haber una necesidad para nosotros de exhibir un lenguaje corporal fuerte y seguro. Después de todo, nadie nos escucharse si mostramos señales respecto a estar ansiosos y estar en cualquier otro lado que donde estamos en el momento.

Hay varias cosas que puedes hacer para exhibir fuerza y poder y estas cosas han sido intentadas y probadas una y otra vez, en varias maneras e industrias.

Para la confianza necesitas un lenguaje corporal abierto. Necesitas llenar el espacio ya que esto es interpretado como fortaleza. De todas maneras, también recomendaría que uses estos consejos para en última instancia encontrarte como confiado y seguro.

1. Quédate quieto

Un individuo que está ansioso y nervioso tendera a agitarse y moverse hacia todas partes. Se los ve como inquietos debido a la adrenalina que corre por su cuerpo. Si estas intentando exudar confianza, entonces es mejor tanto sentarse quieto o quedarse de pie fuerte y constante.

También, ten tus pies separados a la altura de tus hombros porque esto refleja incluso más fuerza y asegura que estés en equilibrio con el peso en ambos pies. Si estas parado más en una pierna que en la otra, se ve como que quieres irte.

2. Siéntate firme.

Si estas sentado, entonces quieres ocupar el espacio de la silla tanto como sea posible, para que tu cuerpo permanezca abierto. Siempre recuéstate hacia atrás en lugar de hacia adelante, y ten tus pies plantados separados o con uno cruzado sobre la rodilla. Nunca tengas tus piernas entrelazadas o moviéndose continuamente, ya que esto siempre es un mal signo.

3. Lidiando con tu cabeza

La cabeza y lo que haces con sus variados componentes siempre jugara un enorme papel en el lenguaje corporal. Una vez más, la quietud es importante ya que la ansiedad se exhibe mirando alrededor ymoviendo la cabeza más de lo que es requerido. Esto no quiere decir que debas dejar la cabeza rígida ya que eso tan solo luce falso. De todas maneras, si elige un punto en frente a ti y mantente en esa área, pero siempre conservando el contacto visual con los individuos con los que estás hablando.

4. Tus Brazos

Tus brazos son otro punto de preocupación en el lenguaje corporal y la única cosa que no puedes hacer es cruzarlos o sostener tus manos. Ambos son considerados como signos de ansiedad, y eso es algo que queremos evitar. En su lugar, ten tus brazos a tus lados o incluso, levemente detrás de ti. Alternativamente, ten tus manos en tus bolsillos con tus pulgares saliendo hacia afuera, ya que esto es visto como un movimiento de poder.

5. Ralentízalo

Si estas ansioso o estresado hay una tendencia para que esos nervios te hagan hablar o moverte más rápido de lo normal. Por lo tanto, hace sentir que si tan solo tomas y haces las cosas a un ritmo regular o incluso levemente más lento, será visto como una actitud de mayor seguridad.

6. Recuerda hacer Pausas

Cuando me refiero a hacer pausas, quiero decirlo tanto en la manera en que te mueves como cuando hablas. Las personas que están ansiosas intentaran volar a través de lo que sea que están diciendo y esto es visto, fuerte y claro para cualquiera que este escuchando. Haciendo pausas, demuestras que estás seguro en lo que estás haciendo ya que frecuentemente el silencio produce ansiedad en las personas.

7. Estar al Descubierto

He dicho antes como necesitamos mantenernos abiertos con nuestro lenguaje corporal ya que las personas ansiosas tienen la tendencia de cubrirse. La idea es que básicamente estas exponiendo las partes más vulnerables de tu cuerpo, en oposición a hacerte ver tan pequeño como sea posible.

8. Ser Expresivo

Es importante que seas expresivo en tus acciones para mostrar que estas cómodo y te sientes seguro. De todas maneras, hay una fina línea entre ser expresivo y ser agobiante, como eso significa que has ido demasiado lejos. Tan solo pasa tiempo sonriendo a otros mientras mantienes el contacto visual, dado que eso probara ser vital.

Usando los Tips en la Vida Real

Los puntos que he discutido antes, son tan solo unos pocos de las cosas clave que siento deberías tener en mente cuando se refiere a usar el lenguaje corporal a tu favor. De todas formas, probablemente estás pensando como exactamente haces esto para empezar, bueno, es más sencillo de lo que quizás creías.

Entonces, imagina este escenario.

Estas esperando impresionar a alguien, ya sea en el trabajo, a un amigo, la persona en si no importa. La pregunta ahora es, ¿qué crees que necesitas hacer en respecto a tu lenguaje corporal?

Para obtener lo que quieres, o mostrar seguridad, sugeriría que hagas lo siguiente.

1. Quédate de Pie

Al permanecer de pie y adoptar una postura alta, implica que serás visto como una persona fuerte. Cualquiera que se inclina hacia adelante o se encorve está cediendo poder y se ve como señal de debilidad.

2. Míralos Directamente

He notado que en más de una ocasión, no puedes costear pasar tiempo mirando hacia otra parte si quieres ser visto como una persona segura. Aunque, deborelatar que no debes simplemente mirarlos fijamente ya que esto seríaincómodo para ellos, y serás visto como un poco raro. Movimientos de cabeza sutiles mientras otros hablar también serán un buen augurio para ti.

3. Habla en Buen Tono

Siempre es importante que hables con buen todo y rito. La clave es no gritar o sonar agresivo, ya que frecuentemente puede ser una línea delgada entre eso y ser asertivo.

4. Usa Gestos Fuertes y Fluidos

Además, he discutido anteriormente la importancia de los gestos y como pueden realmente ser usados para retratas tus emociones y sentimientos. Sonríe con confianza. Los movimientos de manos y brazos necesitan ser fuertes y seguros. Nunca golpees tus brazos alrededor o muevas tus manos constantemente, ya que esto puede ser visto como una sensación de estar por encima, y más probablemente representa a un individuo que está ansioso. Ve a los gestos como el equivalente corporal de los signos de exclamación cuando estas tratando de comunicar tu punto efectivamente.

Como puedes ver, el punto centras es siempre el concepto de verse fuerte sin importar la situación. La fuerza siempre ha sido vinculada con la seguridad en uno mismo, y la falta de temor, entonces incluso sería recomendable pasar tiempo mirándose en el espejo y practicando el modo de estar de pie y trabajando en esos gestos dado que el resultado que puedes generar podría ser bastante fascinante.

Capítulo 5: Haciéndole Frente a los Inconvenientes en el Lenguaje Corporal

En este capítulo voy a proporcionarles información acerca de cómo lidiar con los inconvenientes que respectan al empleo del lenguaje corporal o problemas de entendimiento de lo que otros están haciendo. La esperanza está en que desafiando estos inconvenientes o problemas que podrías enfrentar, te simplificara tanto evadirlos o incluso simplemente trabajar a través de ellos para tu propio beneficio.

Por supuesto, inevitablemente te encontraras con inconvenientes en cierto punto o incluso estarás demasiado consciente de tu lenguajecorporal y entonces efectivamente entraras en pánicomientras tratas de cambiar las cosas Esta es difícilmente la situación ideal en la cual encontrarte ya que fácilmente puede deshacer todo el arduo trabajo que has estado haciendo hasta este momento.

De todas formas, hay cosas que puedes hacer prácticamente, para contrarrestar estos problemas en lo que se refiere a tu lenguaje corporal.

Pensando Demasiado

Este asunto es más común cuando estas comenzando o intentando usar el lenguaje corporal para tu beneficio. Pensar demasiad al respecto implicara que sea visto como falso. Esto, por derecho propio, será demasiado obvio para muchos e incluso si tu estas tratando de dar la impresión de confianza en ti mismo, la forma en que acaba por convertirse en algo torpe tan solo significara que las personas creerán que eres cualquier cosa menos seguro de ti mismo.

Un lenguaje corporal positivo debe fluir, lo cual es más simple cuando se convierte en una segunda naturaleza. Si lo pienses en demasiado detalle, entonces los errores ocurrirás dado que tan solo será natural que tus niveles de ansiedad se incrementen mientras lo haces.

No Estas en Sincronía

Cuando alguien nos gusta, o estamos tratando de causar una impresión positiva, entonces frecuentemente intentamos estar en sincronía con ellos. Esto implica que en gran parte imitamos sus movimientos e incluso su patrón de discurso, entonces si no estás en sincronía es mejor que intentes alinearte con ellos. El fracaso en hacerlo se interpreta como falta de interés.

Tus Movimientos son Extraños y Exagerados

Los movimientos son la clave, pero cuando estos son claramente extraños y exagerados en su naturaleza, se convierten en un problema. Irse por la borda con las cosas es tan malo como hacerlas de menos, ya que dan la misma impresión, la cual será ciertamente una impresión que no querrás estar dando.

Falta de Expresiones Faciales

Si estamos aburridos o desinteresados, se vuelve aparente en nuestro rostro. Una falta de expresiones faciales es un signo indicador de que todo no está bien. De todas formas, evita hacer expresiones falsas llenas de grandes sonrisas, porque eso es igual de malo. Mueve tus ojos, has sonrisas sutiles, asiente con tu cabeza en acuerdo, o incluso eleva una ceja, tan solo haz algo para demostrar que aun estas prestando atención.

Señales Descoordinadas

Tu lenguaje corporal debe corresponderse con lo que estás diciendo o sino llevara a una confusión absoluta. Imagina que si tus palabras están diciendo que estasemocionado acerca de algo y tu lenguaje corporal aúnestá muy cerrado. Eso envía malas señales a las personas y conlleva a que no entiendan lo que está sucediendo.

La clave aquí es que te vuelvas consciente

de los inconvenientes respecto al lenguaje corporal y tomes acción sobre ellas tan pronto como sea posible. Considerando la importancia que solemos poner en estos movimientos, el fracaso en modificar las cosas simplemente no es una opción que quieras tomar.

Capítulo 6: Los Pasos Finales para Dominar el Lenguaje Corporal

Este capítulo final se enfocara más de cerca a los pasos claves que deben de ser cubiertos a través de los capítulos de este libro. Hacer esto te permitirá tener una mejor idea de cómo pondrás las cosas en acción en tu propio mundo para, por último, alcanzar lo que sea que estés buscando.

El lenguaje corporal es algo que, de hecho, puede ser dominado, al menos en el nivel consciente, y es algo usado para las personas en todos los caminos de la vida, y tu te les puedes unir.

La cosa as importante que puedes hacer en este punto es volver nuevamente sobre los movimientos clave y tips que incluí en el libro e imaginarte a ti mismo haciéndolos. Algunos notaran que ya los haces, y esas son excelentes noticias ya que entonces el resto deberá de ser bastante fácil y directo.

No obstante, como es mi intención hacer todo esto tan fácil como sea posible, voy a recapitular en las cosas principales que tanto deberías asegurarte de hacer, y esas cosas que son mejor evadir.

1. Practica

Si, necesitas practicar eso porque será loco pensar que podrías leer este libro y tan solo alcanzar asombrosos resultados con tan solo preguntarlo. Podría implicar cambios en cómo te paras, sientas, caminas, lo que haces con tus manos, como hablas, y muchas otras cosas que siempre será mejor tomar un tiempo para ensayar.

2. No seas Auto Critico

Cometemos errores, es parte de ser humano pero ser demasiado auto-critico no tiene sentido. Nadie es perfecto usando el lenguaje corporal, entonces no estás solo en cometer errores. La cosa más importante es que sientas que has sido capaz de, a la larga, comunicar las emociones correctas la mayor parte del tiempo.

3. No te Compartimentes a ti Mismo

Tu cuerpo tiene que ser visto como una entidad competa. Esto puede parecer obvio, pero al comienzo te estarás enfocando en una parte de tu cuerpo, y a la larga olvidándote del resto. Evita separarte a ti mismo en compartimentos, ya que el lenguaje corporal necesita fluir de arriba hacia abajo para ser efectivo.

4. No Puedes Ganarlas Todas

Aunque el lenguaje corporal es una herramienta útil, no puedes ganar todas las batallas. Algunas veces, el lenguaje corporal positivo en sí solo no es suficiente, ya que habrán otros factores para tomar en consideración. Al mismo tiempo, el lenguaje corporal positivo nunca debe ser visto como la solución definitiva o un cambiador de juegos. Necesitas tener el juego en su lugar o estás perdiendo tu tiempo.

5. Necesitas Interpretar tanto como Hacerlo

El quinto y último punto que me gustaría hacer aquí es que tiene que haber un cierto acto de equilibrio en todo momento, ya que no solo estarás generando tu propio lenguaje corporal, sino que también tendrás que interpretar lo que otras personas están haciendo. Esto puede ser duro ya que hay muchas chances de que al principio te sientas bajo presión, pero todos se sienten así. También, trata de aprender de los otros y lo que hacen, especialmente de aquellos que siempre parecen tener lo que quieres. Si este es en efecto el caso, entonces las chances son que sean bastante buenos con su lenguaje corporal.

Conclusión

¡Gracias nuevamente por descargar este libro!

Espero que este libro haya sido capaz de ayudarte para que comiences a entender, no solo los básicos del lenguaje corporal, sino también la diferencia que puede causar en tu vida.

El siguiente paso es tomar acción, porque no hacerlo no tiene sentido. Cometerás errores al comienzo, pero eso es la vida. Sin embargo, este es ciertamente un caso en que la práctica hace, de hecho, a la perfección, entonces ponte en práctica ya que no hay mejor tiempo que el presente.

Finalmente, si disfrutaste de este libro, entonces quisiera pediré un favor, ¿Serias tan amable de dejar una reseña? ¡Sería muy apreciado!

¡Gracias y buena suerte!